Début d'une série de documents
en couleur

A Monsieur Léopold Delisle
Hommage de respectueux dévouement
E. M.

NOTES

SUR LES

MOSAÏQUES CHRÉTIENNES

DE L'ITALIE

VIII

PAR M. EUGÈNE MUNTZ

EXTRAIT DE LA REVUE ARCHÉOLOGIQUE
JANVIER 1884.

PARIS
JOSEPH BAER, LIBRAIRE-ÉDITEUR
18, RUE DE L'ANCIENNE-COMÉDIE, 18
FRANCFORT-SUR-LE-MEIN, Rossmarkt, 18
1884

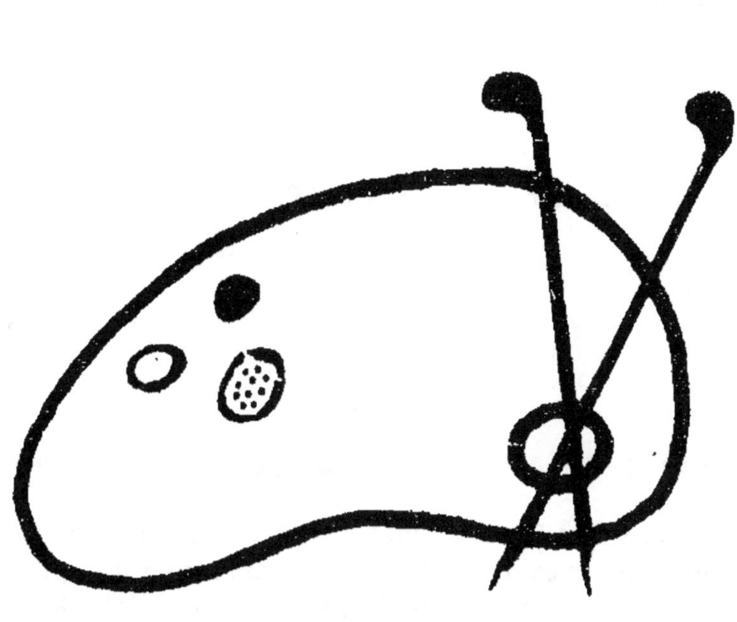

Fin d'une série de documents
en couleur

NOTES

SUR LES

MOSAIQUES CHRÉTIENNES DE L'ITALIE

SUITE[1].

EXTRAIT DE LA *REVUE ARCHÉOLOGIQUE*

Janvier 1884.

VIII

LE TRICLINIUM DU LATRAN. — CHARLEMAGNE ET LÉON III.

De toutes les mosaïques du moyen âge aucune n'offre un intérêt historique plus considérable et n'est parvenue à une plus grande célébrité que celle dont le pape Léon III fit orner l'abside d'un des « triclinia » construits par lui dans le palais de Latran. N'y voyait-on pas illustrée, par des artistes contemporains de Charlemagne, la mémorable « translation, d'Orient en Occident, du siège de l'Empire », c'est-à-dire un événement qui a également marqué dans les annales de la papauté et dans celles du monde franco-germanique ! Aussi jamais monument, on peut l'affirmer, n'a-t-il donné lieu à autant de discussions, n'a-t-il exercé au même point la patience des copistes, depuis les dessinateurs de Ciacconio jusqu'à ceux de M. Vétault. La substitution, au siècle dernier, d'une reproduction défectueuse à l'original sacrifié avec la plus coupable légèreté, n'a fait que piquer la curiosité, et provoquer une recrudescence d'investigations. Il faut aujourd'hui, on l'avouera, quelque courage pour s'attaquer de nouveau à un problème qui peut paraître épuisé. Si je tente l'aventure, je ne le fais qu'appuyé sur un ensemble considérable de témoignages

1. Voir la *Revue archéologique*, septembre 1874, octobre et novembre 1875, décembre 1876, janvier et septembre 1877, juin et novembre 1878, avril 1879, septembre 1882, janvier et février 1883.

ayant échappé à mes prédécesseurs : là se trouve et mon excuse et la raison d'être du présent travail.

Léon III (795-816) a-t-il fait construire au palais de Latran un « triclinium » ou deux ? On a essayé de discuter sérieusement cette question. Je crois qu'elle ne saurait prêter au doute. Il arrive parfois, il est vrai, à notre guide habituel, le *Liber pontificalis*, de mentionner à deux reprises différentes, par suite d'un oubli, les mêmes fondations; mais dans la présente circonstance ses descriptions diffèrent trop entre elles pour s'appliquer à un seul et même monument. Écoutons l'auteur du IXe siècle [1] :

« (Leo III) fecit autem et in patriarchio Lateranensi triclinium majus super omnia triclinia, nomine suæ magnitudinis decoratum ; ponens in eo fundamenta firmissima, et in circuitu laminis marmoreis ornavit atque marmoribus in exemplis stravit. Et diversis columnis tam porphyreticis quamque albis et sculptis cum vasis et liliis simul positis decoravit cameram cum absida de musivo : et alias duas absidas, diversas historias pingens super marmorum incrustationem, pariter in circuitu decoravit. — (Leo III) fecit in patriarchio Lateranensi triclinium miræ magnitudinis, decoratum cum absida de musivo : sed et alias absidas X, dextra lævaque diversis historiis depictas, habentes apostolos gentibus prædicantes; cohærentes basilicæ Constantinianæ : in quo loco et accubita collocavit, et in medio concham porphyreticam aquam fundentem. Necnon et pavimentum ipsius marmoribus diversis stravit. »

Ce problème résolu, il en surgit immédiatement un autre : quel était le plus grand des deux « triclinia » ? Onofrio Panvinio, qu'on ne saurait assez citer quand il s'agit de la région du Latran, soutient que c'est celui dont l'emplacement a été depuis occupé par la salle du Concile. Il appelle « basilica minor » le triclinium détruit, celui-là même dont provient la mosaïque représentant Léon III et Charlemagne[2]. Il est vrai qu'ailleurs il donne à cette même salle le nom de « basilica major »[3]. Je me hâte d'ajouter que cette seconde opinion

1. Voyez, par exemple, dans la biographie même de Léon III, le témoignage relatif à l'autel de saint Grégoire ; édit. Vignoli, § 68 et 84.

2. *De septem Urbis ecclesiis* ; Rome, 1570, p. 180.

3. Bibliothèque Barberini, n° XLIX, 14 (liv. IV, chap. III, fol. 247 v°).

a trouvé des contradicteurs dans Severano[1] et dans Rasponi[2]; ils ont produit contre elle des arguments qu'il serait trop long de rapporter ici.

Quelque parti que l'on adopte, il est bien établi que les deux « triclinia » tiraient leur principal ornement de mosaïques; à ce titre, indépendamment de l'intérêt historique qui s'attache à des fondations de Léon III, ils méritent un examen approfondi.

Les archéologues modernes, et notamment les historiens de la peinture en mosaïque, ne semblent pas avoir connu la description que Panvinio nous a laissée du premier triclinium. Il importe, avant d'aller plus loin, de reproduire ici ce précieux document : « De aula quam nunc salam Concilii vocant. Sinistra Basilicæ Lateranensis parte est porta, qua per aliquot marmoreos gradus ascenditur ad aulam amplam et spaciosam, quæ Concilii sala hodie nominatur. Quæ præter absidam majorem ab utroque latere habet absidulas decem... Absida major ineptissimi artificis musivo picta est, Christi scilicet, beatæ Virginis, sanctorum Apostolorum Petri et Pauli, et aliquot aliorum sanctorum. Extra absidam in pariete e musivo quoque picti sunt XXIIII seniores et aliquot ex CXLIIII mill. signatis Apocalypsis cum quatuor Angelis ab imperito artifice. In absidæ fornice est hoc

P
signum L — O — E, id est Leo Papa. Absidæ minores in medio
A
omnes fenestratæ sunt[3]. »

Nous avons là un exemple de plus de la faveur dont jouissait, à l'époque carlovingienne, cette représentation des vingt-quatre vieillards de l'Apocalypse, figurée dans tant de basiliques.

On s'accorde à rapporter au second triclinium le passage du *Liber Pontificalis* dans lequel il est question de réparations entreprises par Léon IV : « Nam et accubitum, quod dominus Leo bonæ memoriæ III papa a fundamentis construxerat, et omnia ornamenta, quæ ibi paraverat, prænimia vetustate et oblivione antecessorum pontificum

1. *Memorie sacre delle sette chiese di Roma*; Rome, 1630, t. I, p. 545.

2. *De basilica et patriarchio Lateranensi*; Rome, 1656, p. 334.

3. *De sacrosancta basilica, baptisterio et patriarchio Lateranensi libri quatuor*. Martinelli, après avoir analysé ce passage dans son ouvrage si rare : *Primo trofeo della Sma Croce* (Rome, 1655), p. 138, ajoute : « Le tribune piccole havevano nel mezzo una finestra, e tra le dette tribune, e tra i loro pilastri, sono venti due altre finestre rifatte da Giulio II nel tempo del concilio Lateranense. »

deleta sunt: et in die natalis domini nostri J. C. secundum carnem, tam dominus Gregorius, quam et dominus Sergius sanctæ recordationis, ibidem minime epulabantur. Isdem vero beatissimus et summus præsul Leo IIII cum nimia delectatione et gaudio omnia ornamenta, quæ inde deleta fuerant, noviter reparavit, et ad usum pristinum magnifice revocavit. »

Ce témoignage a fourni à un historien d'art célèbre, le baron de Rumohr, la matière d'une dissertation aussi érudite et subtile que riche en erreurs [1]. Force nous est de nous y arrêter un instant. L'auteur allemand entasse, comme il lui arrive souvent, obstacle sur obstacle pour le simple plaisir de montrer avec quelle habileté il sait en triompher : On attribue, dit-il, la mosaïque de Léon III à Léon IV, d'après un passage mal compris du *Liber Pontificalis ;* elle est de Léon III, je vais le prouver, quelque fastidieuse que soit cette démonstration. — « On attribue », c'est une manière de parler bien audacieuse ; aucun savant sérieux n'a songé à faire une attribution aussi ridicule; « on » est un adversaire chimérique inventé pour les besoins de la cause. Seul, un auteur du XVe siècle, Platina, a émis l'opinion que Léon IV avait achevé l'œuvre de Léon III, mais sans parler de la mosaïque (« solarium a Leone III inchoatum perfecit »). Mais voyons cette démonstration. D'après M. de Rumohr le texte ci-dessus reproduit renferme une assertion d'une invraisemblance choquante : il y est dit que Léon IV répara le triclinium construit par Léon III. Un intervalle d'un demi-siècle seulement sépare les deux pontifes ; est-il admissible que le triclinium ait eu si rapidement besoin de réparations? Oui, répondrons-nous à M. de Rumohr, cela est parfaitement admissible. — Puis viennent les impossibilités grammaticales: « accubitum », dit notre auteur, est un accusatif; or au commencement de la phrase il faudrait un nominatif gouvernant, avec « ornamenta », le verbe « deleta sunt ». Le scribe ignorant aura sans doute sauté un mot ou mal transcrit un autre; il aura mis « et » pour « ad », ces deux mots ayant presque la même forme dans l'écriture lombarde. Nous lirons donc : « nam ad accubitum »; nous supprimerons le « et » devant « omnia ornamenta » et nous aurons un sens parfaitement clair : Léon IV fit replacer dans le triclinium tous les ornements (ustensiles) qui avaient été enlevés ou égarés. De cette manière point n'est besoin de recourir à l'hypothèse, si invraisemblable, d'une restauration. Nous répondrons à M. de Rumohr qu'il est bien téméraire d'affirmer que « accu-

1. *Italienische Forschungen*, t. I, p. 198 et suiv.

bitum » ne peut être qu'un accusatif. Vignoli, à la table de son édition du *Liber Pontificalis*, fait figurer « accubitum » à côté de « accubitus ». Du Cange donne « accubitus » et « accubita », nominatif pluriel (« ad accubita »). Ce qui prouve que dans le texte en question « accubitum » est un substantif neutre, c'est le « quod » qui le suit et qui a échappé à la perspicacité du savant allemand. Voulant corriger le latin si barbare du scribe « lombard », il commet lui-même un solécisme des plus grossiers : « accubitus quod » !

Le baron de Rumohr a fait école en Allemagne. C'est pourquoi nous avons cru devoir insister sur ce curieux échantillon de sa méthode. Retournons au plus vite à l'histoire des vicissitudes de notre mosaïque.

C'est dans l'abside de ce second triclinium que Léon IV fit incruster, vers l'an 800[1], la mosaïque célèbre dont il ne reste plus aujourd'hui que des reproductions plus ou moins imparfaites, plus ou moins douteuses.

Dès le XVIe siècle l'œuvre de Léon III était gravement compromise. Panvinio, dans son histoire manuscrite du Latran, dont la préface est datée de 1562, en a tracé l'esquisse suivante : « Introeuntibus interiorem Patriarchii partem, supra aliquot gradus, statim sese offert aula magna cum tribus tribunis quam a Leone III conditore Leonianam aulam veteres vocabant. Hæc vel musivo (*var.* musiveo), vel marmorea crustatione tota exornata erat. Superest adhuc vetustum e musivo emblema circum absidam tribunæ, in postico aulæ, in quo sanctus Petrus sedens pictus est, qui Carolo Magno Imperatori læva vexillum, Leoni vero Papæ III dextra pallium ante se genuflexis porrigit, cum hisce inscriptionibus :

SANCTISSIMVS D·N· LEO III PAPA.
Item DN CARVLO REGI

Infra vero sub sancti Petri pedibus :

BEATE PETRE
.... LEONI PAPAE ET BICTORIA
CARVLO REGI DONA[2]

1. Telle est du moins la date mise en avant par M. C. Bayet : *L'Election de Léon III et la Révolte des Romains en 799*; Paris, 1883, p. 13.

2. Bibliothèque Barberini, n° XLIX, 14, liv. IV, chap. III, fol. 247 v°. Presque textuellement reproduit dans le *De septem Urbis ecclesiis*, p. 180.

Que la mosaïque fût singulièrement endommagée dès lors, c'est ce que prouvent les lacunes mêmes de l'inscription. Cependant rien ne nous autorise à croire que l'importante représentation de Charlemagne et de Léon III fût atteinte dans ses parties essentielles. Bien plus, si nous en jugeons par les reproductions exécutées quelque cinquante ans plus tard, les têtes des personnages et le vexillum, objet de tant de discussions, étaient intacts.

Plusieurs archéologues s'occupèrent vers cette époque de faire reproduire en couleurs cette page d'histoire qui allait s'effaçant de jour en jour. Un de ces dessins faisait partie de la collection de notre Peiresc : j'ignore ce qu'il est devenu [1]. Même incertitude au sujet d'un autre dessin appartenant à Marc Welser et mentionné par Gretser [2]. Un troisième, mieux partagé, est parvenu jusqu'à nous : c'est celui qui se trouve dans le recueil de Ciacconio à la Vaticane [3]. Voici d'abord la note qui accompagne ce précieux document : « In patriarchio Lateranensi, in aula Leoniana, a PP. Leone III facta ex opere vermiculato, extat S. Petrus pallium tribuens Leoni III et imperium Carolo Magno. Onuphrius Panvinius, *de septem ecclesiis*, perperam legit Carulo Regi. Et infra male legit, Beate Petre, Leoni papæ bictoria Carulo Regi :

SCS
PE ✠ D·N·CARVLVS

1. « Ho caro d'intendere che si repari il mosaico della Basilica Leoniana, ma vorre ben che non guastassero l'antiquo, si come hanno guasto quello della chiesa d Sta Susanna, del quale pure io ho ancora il dissegno. Et io volevo publicare con quello che dice V. S. et altre cose di quel secolo, ma le diversioni domestiche non me l'hanno permesso, et lodo il consigl o del Sr Alemanni, al quale vedero di dare qualche cosetta a suo proposito. Nella biblioteca dei monachi di S. Paolo in via Ostiense c'è una Bibbia, con il ritratto di quel principe Carlo Magno (etc., etc.). » Bibliothèque Barberini, lettre du 6 février 1625.

2. « Romæ in aula Leoniana extat ex opere vermiculato imago S. Petri pallium (vel potius orarium) tribuentis Leoni III pontifici et imperium Carolo Magno. Sedet S. Petrus in solio, dextra dat Leoni orarium, in quo duæ cruces, sinistra porrigit vexillum Carolo genibus flexo, insigne Imperii. Ipse quoque S. Petrus orarium habet, in cujus extremo crux rubra (*le dessin était donc colorié*)... has imagines bona fide ex archetypo expressas vidimus beneficio Marci Velseri viri Augustani. » (*De sancta Cruce*; Ingolstadt, 1616, p. 452.)

3. Fonds latin, n° 5407, pl. 186. Voy. aussi Ambrosienne, F. inf. 221, c. IV, fol. 3. Le dessin de la Vaticane me paraît identique à celui dont Alemanni pa[illegible] comme ayant été exécuté par les soins de Francesco Penia et d'Angelo Massarelf, secrétaire du concile de Trente (*De Lateranensibus parietinis*, éd. de 1756, p. 52). On sait, en effet, que le recueil de Ciacconio a longtemps figuré sous le nom de Penia.

TR
VS
SCSSIMVS
D·N·
LE
O
PP

R
E
X

Vide mea adversari (*sic*), fol. 302. »

Saint Pierre, vêtu d'une tunique verte, par-dessus laquelle est jeté un pallium à croix rouge, tend un autre pallium orné de deux autres croix rouges au pape Léon III, dont le costume ressemble au sien. La figure de Léon III est ruinée, à l'exception de la tête et de la poitrine. Un nimbe rectangulaire, à fond bleu, bordé à gauche d'un trait rouge, nous apprend que le pape est encore au nombre des vivants. La figure de Charlemagne est mieux conservée : tunique bleue fort courte, le reste du costume assez vague ; nimbe semblable à celui de Léon III. L'empereur est agenouillé, à droite, tenant le vexillum bleu orné de six fleurs rouges. Quant à l'inscription : *Beate Petre...*, il n'en reste plus que le fragment suivant :

DONAS
RICTO
EA

ce qui prouve que la dégradation de la mosaïque a fait des progrès marqués depuis Panvinio.

Au commencement du XVIIe siècle, voici quel était l'état de la mosaïque : « In antiquissimo ac venerabili Lateranensi palatio jam fere toto deturbato, cujus hodie admodum pauca supersunt, in quibus pœnitentiarii habitant, in ipso inquam palatio cernitur adhuc aula Leoniana a Leone tertio ædificata, nunc in viridarium pœnitentiariorum conversa (*variante* : ad viridarii usum). E tribus chalcidicis (*var.* absidibus) quibus ornata erat, cernitur una tantum in capite musivo opere exornata. In curvatura ipsius apsidis in medio est Salvator mundi, stans supra montem, unde quatuor Paradisi flumina emanant, benedicens dextra, pollice cum annulari conjuncto, et sinistra tenens librum apertum, indutus colore castaneo, cum apostolis, quini per latera [et B. Petro in triangulo superiori ejus chalcidicæ (?), ita ut undecim sint apostoli, totidem enim erant ex cap. XXVIII Matthæi]; Salvatoris dextræ proximior, in senili ætate, longam gestat crucem, et nullus alius aliquod martyris instrumentum gerit. Supra caput Salvatoris est tanquam aer ignitus ac fulgore coruscans; omnes diademata gestant.

« Oritur fascia interior a fine zophori tota variis floribus musivo opere efficta ex uno vase se in altum extollens, totamque curvaturam ambiens, in altero vase desinit (*var.* moritur), in cujus medio supra caput Salvatoris extat signum Leonis papæ tertii ad hanc formam

P
L O O. Ambit alia fascia exterior curvaturam ipsam, in qua sunt
A

litteræ. ✠ *Gloria . in . excelsis . Deo . et . in . terra . pax* . HOMINIBVS · BONE · BOLVN*tatis*[1]. Nigræ tantum hodie leguntur, rubræ additæ a me. In zophoro apsidis ✠ *Euntes . docete omnes* GENTES · VAPT*izantes . eos . in . n*OMINE · *patris et* FILII · ET · SPIRITVS · SANCTI · *Et . ecce . ego* . VOVISCVM · *sum . ōbus . diebus . usque . ad* . CON*sumation*EM · *sec*VLI . Nigræ tantum hodie leguntur, rubræ a me additæ[2].

« Decem sunt incurvatura apsidis apostoli, et XI princeps apostolorum in angulo apsidis, ut infra dicetur. Totidem enim erant discipuli ex cap. XXVIII Matth., quando dominus Jesus Christus hæc verba locutus est.

« Angulus dexter absidæ rusticus est, nam musivum corruit.

« In triangulo sinistro apsidæ extat imago musivea Petri in throno sedentis cum planeta et pallio, in senili ætate, diademate ornatus; a dextris ejus stat Leo papa tertius corpulenta facie, nigra cesarie, raso capite ad coronam; ex vultu ostenditur sexagenarius; quadratum habet (in capite) diadema, quod indicium est viventis; indutus est pallio et planeta; stolam suscipit sive pallium de manu dextera beati Petri; juxta pontificem leguntur hæ literæ (*var.* cum literis scilicet) : SANCTISS · D̄N̄S · LEO · PAPA. A sinistris (B. Petri) extat genuflexus Carolus Magnus, Imperator Augustus, suscipiens de manu sinistra B. Petri magnum vexillum, in quo sunt rosæ sex rubræ in campo cæruleo. Habet coronam imperialem in capite, cum quadrato diademate (quod, ut dictum est, viventem indicat); habet mantum sive paludamentum imperiale; habet ensem lateri accinc-

1. Dans le ms. A. 178 inf., les syllabes TATIS sont encore marquées comme existantes (rédigé en 1617).

2. Nous marquons par des italiques les lettres rouges ajoutées par l'auteur de la description.

tum, faciem senilem ostendit; mentum rasum, in labio superiori habet pilos barbæ longos et elevatos more turcico et francico (*variante* : mentum non est totaliter rasum, sed habet brevem quandam barbam acutam more Gallorum); habet patentes oculos. Juxta Carolum est nomen ejus literis musiveis D · N · CARVLO · REGI.

« Ad pedes Beati Petri literis pariter musiveis legitur fragmentum salutationis Leonis papæ tertii ad Carolum Magnum, inaugurando illi a B. Petro coronas, vitam atque victoriam, sicut in coronatione illi a populo in Vaticana Basilica acclamatum fuerat, et a scriniariis in laudibus, ut superius dixi, fol. 177, acclamantibus Carolo invictissimo Romanorum Imperatori, semper Augusto salutem et victoriam (litteræ rubræ in dicta salutatione a me secundum sensum et loci spatium additæ sunt, nigræ musivi operis hodie cernuntur xxx novembris MDCXVII). In dicto fragmento musiveo nigræ tantum litteræ remanserunt, rubræ in hoc libro additæ sunt a me ex sensu dictæ salutationis et ex spatio locorum, in quibus erant litteræ:

*B . Petre . co*RONAS (erreur pour DONAS)
Bitam . atque BICTO
*riam · Carulo · do*NA.

. . . .

« In triangulo dextero apsidæ erat imago sancti Pauli apostoli, sed corruit et murus totus est rusticus[1]. »

Cette description, rédigée en 1617 et complétée en 1621, a pour auteur un savant dont j'ai souvent déjà eu l'occasion de proclamer

1. Milan. Bibliothèque ambrosienne. A. 168 inf. Complété au moyen du A. 178 inf. Voy. sur ces manuscrits mes *Ricerche intorno ai lavori archeologici di Giacomo Grimaldi*, Florence, 1881, p. 22, 23, et *Il tesoro della basilica di S. Pietro in Vaticano dal* XIII *al* XV *secolo*, que j'ai publié en collaboration avec M. Frothingham; Rome 1883, p. 134-137. Voy. aussi le ms. XXXIV, 50, fol. 308, 309 de la Barberine.

Le ms. A. 178 inf. contient, dans la marge du fol. 20, la note suivante, qui fournit quelques détails supplémentaires importants : « Horum decem apostolorum a latere dextro proximior gerens crucem senex est; in vestibus, ad genua, sunt literæ LE. Sequitur alius juvenis cum literis in vestibus ET; inde alius senex cum litera H, deinde alius cum barba nigra; postremus habet in vestibus EL. A latere sinistro Xpo proximior habet in vestibus HE; sequitur senex, in vestibus habet LE. Inde alius, postea alius et in vestibus habet LƎ. Postremus juvenis est, et in vestibus sunt literæ HƎ. Hujusmodi autem caracteres, licet literæ videantur, sunt meo quidem judicio ornamenta quibus vestium fimbriæ nectebantur, vel ornatus, et (?) causa, cum ad pectus etiam habeant hæc signa ꟻE. Omnes recti stant et manibus elevant parumper vestes in actu aliquid Xpo offerendi. »

les titres, Jacques Grimaldi. Inconnue jusqu'ici, elle ajoute, si je ne m'abuse, de précieux éléments à l'histoire de la mosaïque du triclinium. Peut-être serait-il dangereux néanmoins de trop insister sur le passage où Grimaldi rapporte que Charlemagne portait une barbiche, « barba acuta, more Gallorum », quoique cette assertion soit corroborée par un dessin de la Barberine représentant la mosaïque de Sainte-Suzanne, exécutée également sous les auspices de Léon III, et où la barbiche est fort apparente[1]. Grimaldi me semble, d'autre part, se tromper en fixant le nombre des apôtres à dix; il y en avait, selon toute vraisemblance, cinq à gauche, six à droite; seulement, ces derniers étant placés les uns derrière les autres, il se peut fort bien que la tête de celui de l'extrême droite ne fût plus facile à distinguer.

Nous touchons à un moment décisif dans l'histoire de la mosaïque du triclinium : sa restauration par les soins du cardinal François Barberini, en 1625. Essayons, avant de caractériser ce travail, de récapituler les mutilations que le temps ou la main de l'homme avait fait subir à l'œuvre de Léon III[2]. Le côté gauche de l'arc de la tribune était depuis de longues années privé de tout ornement; sur le côté droit manquaient le bas du corps du pape et la majeure partie de l'inscription « Beate Petre ». Dans la concha enfin, nous constatons la disparition des fragments suivants : la tête du Christ, celle de ses deux voisins de gauche, les pieds des apôtres de gauche et plusieurs parties de l'inscription. Les parties conservées avaient elles-mêmes éprouvé de graves altérations, dues surtout aux incendies qui désolèrent si souvent le palais apostolique de Latran. La mosaïque avait en quelque sorte poussé au noir, comme le ferait un tableau à l'huile : « tulit ...varias incendiorum Lateranensium injurias, quemadmodum semiustæ illæ indicant aureæ tessellulæ, quas in tabula hic illic præ aliis ob id nigricare videmus... Albus... color... quasi per hujus tabulæ densam vetustatis caliginem, magis magisque perstringit oculos[3]. »

1. XXX, 135, fol. 62.

2. Ces indications résultent des documents ci-dessus rapportés, ainsi que du rapprochement entre une gravure publiée dans le *De Lateranensibus parietinis* et d'autre part un dessin de la Barberine (n° XLIX, 32, fol. 13), et une planche de l'édition des *Vitæ Pontificum* de Ciacconio, publiée en 1677 (cette planche manque dans les éditions de 1606 et de 1630).

3. Alemanni, *De Lateranensibus parietinis*, p. 24, 52 (l'édition originale de cet

François Barberini, l'illustre prélat auquel les sciences et les arts sont redevables de tant d'encouragements, entreprit non seulement de restaurer, mais encore de compléter la composition du VIIIe siècle. Il s'entoura, l'historiographe de la restauration, Nicolas Alemanni, nous l'affirme, de toutes les lumières propres à le guider dans cette grave et délicate opération. Mais ses connaissances archéologiques étaient-elles à la hauteur de son enthousiasme pour les choses du passé, et ne prit-il pas ses hypothèses pour des axiomes? Nous avons vu que tout le côté gauche de la mosaïque manquait depuis un temps immémorial. Le premier soin du cardinal fut de restituer cette partie de la composition d'après des documents anciens : « labansque olim dexterum[1] apsidis emblema antiquariorum diligentia coloribus exceptum, penitus deinde collapsum, ad priscum exemplum... restituit », nous dit l'inscription. On y figura Jésus-Christ remettant les clefs à saint Sylvestre comme successeur de saint Pierre, et l'étendard à Constantin, premier empereur chrétien[2].

Alemanni insiste sur le dessin « coloribus exceptum », qui servit de base à la restauration : « Qui eum (Massarellum) antecesserunt ecclesiasticæ antiquitatis curatores, ... hanc hujus musivi partem suo tempore labentem exceperunt, optimaque fide delineandam curarunt. — Hoc ejus imaginis exemplum, quod unicum nobis, ac toti posteritati relinquebatur, ill. card. Barberinus, non sine divino nutu, post diuturnam indagationem nactus est[3]. »

Mais tout cela est fort vague et le savant Assemani n'a pas eu tort, dans une dissertation placée à la suite de la réimpression du travail d'Alemanni, d'élever des doutes contre l'authenticité de ce mystérieux dessin, déposé, au dire d'Alemanni, à la bibliothèque du Vatican[4]. Ce qui donne singulièrement de poids à ses soupçons, c'est qu'Assemani, en sa qualité de préfet de la Vaticane, était

ouvrage remarquable date, nous le rappelons, de l'année même de la restauration de la mosaïque, 1625).

1. Au XVIIe siècle, les archéologues, en parlant de droite et de gauche, tiennent ordinairement compte non de la position du spectateur, mais de celle des personnages représentés. Par rapport au Christ de la concha, le côté en question est effectivement le côté droit.

2. Voyez la description détaillée de cette scène dans l'excellent ouvrage de M. Barbet de Jouy : *Les Mosaïques chrétiennes des basiliques et églises de Rome*, p. 50, 51.

3. *De Lateranensibus parietinis*, p. 36, 37. Cf. Severano : *Memorie sacre delle sette chiese di Roma*, t. I, p. 551.

4. Alemanni, p. 154.

mieux à même que personne de retrouver le dessin s'il avait réellement fait partie de la bibliothèque confiée à ses soins. Je dois ajouter que mon illustre maître, M. de Rossi, auquel je me suis adressé à cet effet, m'a déclaré n'avoir pas été plus heureux dans ses recherches.

Le cardinal François était en droit d'espérer que la mosaïque, ainsi restituée, braverait de nouveau l'effort des siècles. Mais il avait compté sans la rage de démolitions qui jusqu'à ces toutes dernières années s'est si librement donné carrière au Latran et dans ses dépendances[1]. La page destinée à retracer la « translation du siège de l'Empire », page respectée par les farouches compagnons de Robert Guiscard et de Georges de Frondsberg, et sauvée presque miraculeusement de tant d'incendies, de tant de désastres, périt sans gloire en plein XVIIIe siècle. Cette lamentable histoire a été trop souvent racontée pour qu'il soit nécessaire d'y insister. Il suffit de rappeler que Clément XII ordonna, en vue de certains projets d'embellissement, de détacher la mosaïque du mur auquel elle était fixée et de la transporter près de l'oratoire de Saint-Laurent. La faute en fut-elle à la maladresse des ouvriers ou à la difficulté de l'opération ? Toujours est-il que la mosaïque se brisa, que les cubes s'éparpillèrent, bref, que la composition fut perdue sans retour... Le successeur de Clément, Benoît XIV, voulut du moins perpétuer par une copie le souvenir d'un monument si insigne. Il s'aida d'une reproduction en couleurs, qu'une sage prévoyance avait fait exécuter avant l'essai de translation, ainsi que d'une vieille miniature d'un manuscrit du Vatican (quel manuscrit ?), et, fort de cette double garantie, il fit exécuter une mosaïque de tout point semblable à l'ancienne[2].

Différents indices nous prouvent que l'œuvre du IXe siècle a été fidèlement copiée, aussi fidèlement qu'elle pouvait l'être par des sectateurs du rococo : au point de vue de l'exactitude matérielle du moins la reproduction ne laisse rien à désirer. C'est ainsi que l'on

1. Voy. notamment la courageuse protestation de M. Jules de Laurière contre la destruction de la figure du Christ placée dans l'abside de la basilique.

2. On trouvera de plus amples détails dans Furietti, *De musivis*, p. 83, dans Marangoni, *Istoria dell' antichisismo oratorio... di San Lorenzo*, ainsi que dans l'*Additamentum ad Ciampini opera*, Rome, 1748, p. 20. L'auteur de ce dernier ouvrage dit que la mosaïque fut seulement « aliquantulum diffracta ». Mais cette affirmation repose sur une erreur évidente. Voy. aussi Rohault de Fleury, *le Latran au moyen âge*, p. 289, 539 et sq.

a conservé aux cercles bordant les nimbes leur couleur primitive, aux lettres tissées dans les étoffes et aux bandes gemmées leur forme bizarre. Il est également certain que les gestes, les attributs, le costume, n'ont pas été sciemment altérés.

Mais, alors même que la mosaïque n'aurait pas déjà été si considérablement remaniée au temps du cardinal Barberini, il y aurait loin de cette transcription méticuleuse et en quelque sorte machinale à l'interprétation intelligente de la mosaïque créée par Léon III. Ce serait folie que de vouloir juger de l'état de la peinture italienne à cette époque d'après la mosaïque actuelle. De tous les caractères propres à la composition originale, il n'en est plus guère qu'un seul sur lequel elle puisse nous édifier : le nombre des figures et leur groupement. Ce groupement, je n'hésite pas à le déclarer, a été des plus défectueux. Les apôtres rangés autour de leur maître manquent d'espace pour se mouvoir, leurs nimbes aussi bien que leurs pieds se touchent, se confondent presque ; les grands principes décoratifs, chers aux mosaïstes de Sainte-Pudentienne, de Sainte-Sabine, de Saints-Côme-et-Damien, tendent évidemment à se corrompre.

Quant au modelé, au coloris, à l'expression, en un mot au style de l'original, ce n'est point à cette copie qu'il faut s'adresser pour les connaître. De pareilles nuances échappaient trop complètement aux artistes du XVIIIe siècle pour qu'ils aient pu les traduire avec quelque chance de succès.

Deux savants célèbres, le baron de Rumohr [1] et Schnaase, ont cependant essayé de demander à la copie informe [2] exécutée sous Benoît XIV des informations sur les tendances, les goûts, l'habileté des artistes du pontificat de Léon III. Le premier a même fini par se persuader qu'il avait sous les yeux la mosaïque primitive, plus ou moins restaurée. Rien de moins fondé.

Et cependant les fragments propres à nous éclairer sur le talent des mosaïstes employés par Léon III existent, seulement ce n'est pas sur la place du Latran qu'il faut les chercher : c'est dans une petite salle, peu connue, inaccessible au public, du musée chrétien du Vatican. On y voit, à deux pas des *Noces aldobrandines*, deux têtes en mosaïque encastrées dans le mur et accompagnées de l'ins-

1. *Italienische Forschungen*, t. I, p. 202, 240.

2. *Geschichte der bildenden Künste*, t. III, p. 573. On est en droit d'adresser le même reproche au récent historien de Charlemagne, M. Vétault (p. 543 de son ouvrage).

cription : « Fragmenta musivi veteris triclinii Lateranensis a Leone III, temporibus Caroli Magni, constructi. » Elles proviennent l'une d'un apôtre tourné de gauche à droite, l'autre d'un apôtre placé dans le sens opposé (pl. I) [1].

Quoique la salle dans laquelle se trouvent ces précieux fragments soit excessivement étroite et ne permette pas un recul suffisant pour juger pleinement de leur effet, nous allons essayer de les décrire en détail. L'un d'eux, assez irrégulier, mesure 0m,30 de large sur 0m,40 de haut, le diamètre de la tête étant d'environ 0m,20. Les traits sont loin de manquer de caractère ; l'œil est assez vivant ; des touches rouges et brunes, servant à marquer les contours du visage ainsi que les ondulations de la barbe, donnent à l'ensemble une certaine animation. Un trait noir dessine les sourcils ; un trait brun irrégulier, le nez ; le fond même du visage est gris, avec quelques cubes jaunes sur les pommettes. Le manteau, si nous en jugeons par des vestiges presque imperceptibles, a été vert. Derrière la tête on aperçoit une surface jaune safran, correspondant au nimbe.

La seconde tête, vue de trois quarts, comme la première, est tournée de gauche à droite ; elle paraît provenir de l'avant-dernier apôtre de gauche ; comme elle est placée très haut et que la tonalité en est fort sombre, on ne saurait la soumettre à un examen approfondi ; elle est d'ailleurs incomplète, la partie supérieure du front ayant disparu. Le trait distinctif de la figure est une barbe noire, assez courte.

Dans ces deux fragments les cubes sont de petite dimension ; Mgr Barbier de Montault affirme que le marbre s'y trouve mélangé à l'émail : « dans les mosaïques de Jean VII et du Triclinium, écrit-il, les chairs étaient rendues par le marbre rosé que les Italiens, en raison de sa ressemblance avec la carnation, ont nommé « carnagione [2] ».

Quelque mutilés que soient ces derniers vestiges authentiques du Triclinium, ils nous permettent néanmoins de constater deux faits importants pour l'histoire de cet insigne monument de la renaissance carlovingienne : l'un c'est que la copie exposée place de Latran n'offre pas, quant au style, la plus légère ressemblance avec

1. Signalées par M. Barbet de Jouy, *Mosaïques*, p. 55. Gravées dans le savant ouvrage de M. G. Rohault de Fleury : *Le Latran au moyen âge*. Grâce à l'obligeance de M. Rohault de Fleury, nous pouvons placer sous les yeux du lecteur le fac-similé du calque exécuté par lui d'après une des deux têtes.

2. *La Mosaïque du dôme à Aix-la-Chapelle* ; Paris, 1869, p. 40.

la mosaïque originale; l'autre c'est que du temps de Léon III il restait encore quelques artistes familiarisés avec la science du modelé et sachant donner à leurs figures une certaine grandeur. Tout souvenir des fortes traditions des ve-vi^{e} siècles n'était donc pas perdu. Ces qualités frappent non seulement quand on rapproche les fragments du Vatican des mosaïques de Pascal Ier, exécutées quelque quinze ans plus tard et déjà si barbares, mais encore quand on les compare à la mosaïque contemporaine de Saints-Nérée-et-Achillée. Dans cette dernière, exécutée, comme on sait, sous le pontificat de Léon III, le modelé est déjà réduit à sa plus simple expression, et la laideur des types n'a d'égale que l'incorrection de l'ordonnance. C'est donc aux fragments de la bibliothèque du Vatican qu'il faut recourir pour apprécier le style de l'ancienne mosaïque du Triclinium, de même que ce sont les manuscrits et les dessins de Ciacconio et de Grimaldi qui doivent être pris en considération toutes les fois que l'on touche aux intéressants problèmes d'iconographie se rattachant à l'œuvre de Léon III.

EUGÈNE MUNTZ.

Paris. — Imp. Pillet et Dumoulin, 5, rue des Grands-Augustins.

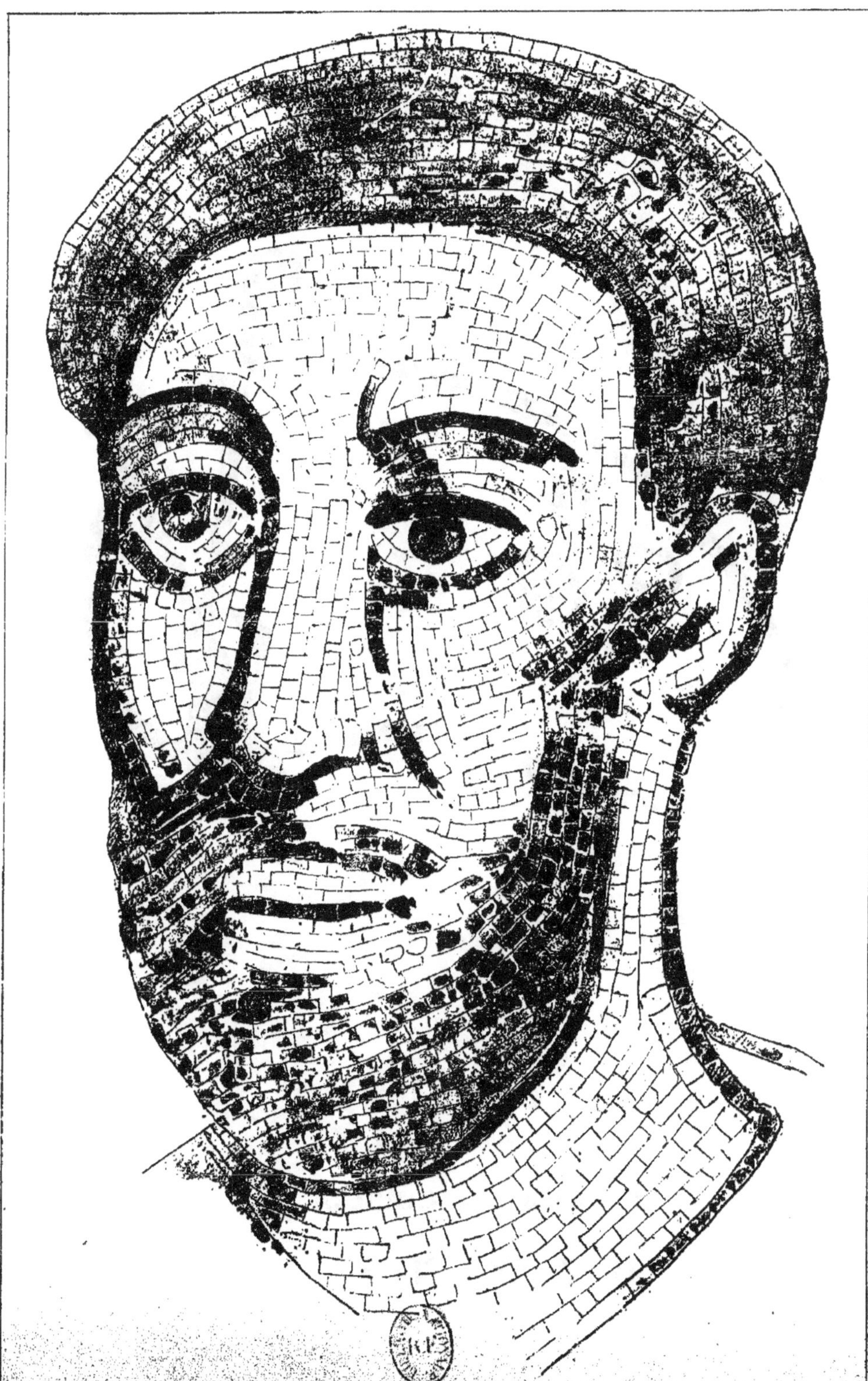

Tête d'Apotre en mosaique, provenant du Triclinium de Latran.
(Musée chrétien du Vatican), d'après un calque de M. Georges Rohault de Fleury.

www.ingramcontent.com/pod-product-compliance
Lightning Source LLC
LaVergne TN
LVHW020511230826
846091LV00008BA/3455

* 9 7 8 2 0 1 3 6 0 4 9 1 8 *